초등학생이
가장 많이 틀리는
한글
받아쓰기

어린이 따라 쓰기 시리즈1

초등학생이 가장 많이 틀리는
한글 받아쓰기

지은이 장은주, 김정희
펴낸이 정규도
펴낸곳 (주)다락원

초판 1쇄 발행 2015년 4월 13일
9쇄 발행 2024년 8월 19일

편집 최운선
디자인 하태호, 이승현

🏢**다락원** 경기도 파주시 문발로 211
내용문의: (02)736-2031 내선 275
구입문의: (02)736-2031 내선 250~252
Fax: (02)732-2037
출판등록 1977년 9월 16일 제406-2008-000007호

ISBN 978-89-277-4628-7 64700
978-89-277-4627-0 64080(set)

http://www.darakwon.co.kr

다락원 홈페이지를 통해 인터넷 주문을 하시면 자세한 정보와 함께 다양한 혜택
을 받으실 수 있습니다.

초등학생이 가장 많이 틀리는

가장 많이 틀리는

한글
받아쓰기

장은주, 김정희 지음

다락원

"1학년의 자신감,
6년이 아닌 평생을 갑니다."

이 책은 초등학교 1, 2학년 학생들이 실제 받아쓰기 시험에서
많이 틀리는 문장들을 모아 구성하였습니다.
이 책을 연습하면 학교에서 받아쓰기 시험을 볼 때
정확히 도움을 받을 수 있도록 하였지요.

입학해서 처음 접하는 시험이 바로 받아쓰기인데 받아쓰기에서 자신감을 얻지 못하면 학년이 올라갈수록 자신감은 점점 떨어지기 마련입니다. 받아쓰기 시험을 잘 보는 학생들은 어떤 이유에서 그럴까요? 모든 시험이 마찬가지이지만, 3번 연습한 사람과 10번 연습한 사람은 차이가 날 수밖에 없습니다. 또한, 시험에 나오는 문제를 연습한 사람과 그렇지 않은 사람도 분명 차이가 나지요.

받아쓰기는 우리말을 정확하게 사용하기 위해서 하는 연습이에요. 국어를 정확히 사용할 수 있다면 국어뿐만 아니라 다른 모든 과목도 공부하기 쉬워지지요.
이 책은 학교 현장에서 여러 선생님이 실제 받아쓰기 시험에 사용하시는 문장과 어구들을 모아서 구성하였어요. 이 책으로 미리 연습하고, 반복해서 연습한다면 학교 받아쓰기 시험은 전혀 문제가 되지 않을 거예요.

학교에 적응하며 배움의 기초를 쌓는 1학년, 학생들이 받아쓰기에 자신감을 가지고 힘차게 학교생활을 할 수 있기를 응원합니다.

지은이 장은주, 김정희

이렇게 활용하세요

매일 받아쓰기를 연습하고
다 쓴 날짜에 색칠해 봅니다.

※ 모두 색칠하면 나만의 그림을 완성할 수 있어요.

하루에 다섯 문항씩
따라 쓰며 연습합니다.

불러주는 말을 잘 듣고 받아쓰기를
실전 연습합니다. 불러주기 mp3
파일은 홈페이지에서 제공됩니다.
(http://www.darakwon.co.kr)

차례

뿌듯한 받아쓰기로 이동

완벽한 받아쓰기를 향해

안타까운 받아쓰기에서 탈출

초등학생이 가장 많이 틀리는
받아쓰기 문제 중에서 '모음' 문제를 모았어요.
틀리기 쉬운 '모음'을 공부해
안타까운 받아쓰기에서 탈출해 봅시다!

매일 매일 꾸준히 써요.
다 쓴 날에 색칠해 보세요.

1일째

3일째

2일째

5일째

4일째

6일째

7일째

8일째

9일째

10일째

'네'를 써요. ❶

1. 비바람을 헤치고

2. 금세 눈물이 고였습니다.

3. 돌멩이에 걸려 넘어졌습니다.

4. 여기저기 헤매다

5. 비가 세차게 쏟아지는 날

바르게 쓴 낱말을 찾아 색칠하세요.

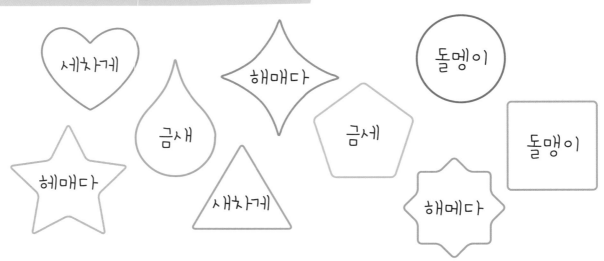

세차게

해매다

돌멩이

금새

금세

돌맹이

헤매다

새차게

해메다

바르게 따라 써 보세요.

1 비바람을 헤치고

2 금세 눈물이 고였습니다.

3 돌멩이에 걸려 넘어졌습니다.

4 여기저기 헤매다

5 비가 세차게 쏟아지는 날

소리 내어 읽으며 한 번 더 써 보세요.

1

2

3

4

5

'ㅔ'를 써요. ❷

1. 동생의 속셈을 압니다.

2. 교실에 가져와 게시판에 붙이니

3. 영차, 영차. 나는 힘이 세.

4. 가방을 메고

5. 들은 체 만 체하며

괄호 안의 낱말 중 바른 것을 골라 ○ 하세요.

1. 동생에게 무슨 (속샘 / 속셈)이 있는 것이 분명합니다.

2. 배낭을 (메고 / 매고) 산에 올라갑니다.

3. 아무리 말해도 누나는 들은 (체 / 채)도 하지 않았습니다.

4. 투수가 공을 (새게 / 세게) 던졌습니다.

5. 자세한 내용은 (게시판 / 개시판)을 참고하세요.

바르게 따라 써 보세요.

1 동생의 속셈을 압니다.

2 교실에 가져와 게시판에 붙이니

3 영차, 영차. 나는 힘이 세.

4 가방을 메고

5 들은 체 만 체하며

소리 내어 읽으며 한 번 더 써 보세요.

1

2

3

4

5

'테'를 써요. ❸

1. 쓰레기를 아무 데나 버렸나 보구나.

2. 공이 데굴데굴 굴러갑니다.

3. 소 세 마리는 한데 모였지요.

4. 호랑이한테 뿔을 들이밀었어요.

5. 누나와 함께 숙제하고 잤어요.

다음 글에서 잘못 쓴 낱말을 찾아 고쳐 보세요.

비가 새차게 쏟아지는 날이었어요. 소 세 마리가 한대 모여 누가 더 힘이 세고 용기 있는지 내기를 하였지요. 첫 번째 소가 비바람을 헤치고 나가서 아주 큰 돌멩이를 들고 왔어요. 두 번 째 소는 여기저기 헤매다 우연히 만난 호랑이한테 뿔을 들이밀었어요. 세 번째 소는 금새 눈물이 고여 포기하고 말았답니다.

바르게 따라 써 보세요.

1 쓰레기를 아무 데나 버렸나 보구나.

2 공이 데굴데굴 굴러갑니다.

3 소 세 마리는 한데 모였지요.

4 호랑이한테 뿔을 들이밀었어요.

5 누나와 함께 숙제하고 잤어요.

소리 내어 읽으며 한 번 더 써 보세요.

1

2

3

4

5

'ㅐ'를 써요. ❶

1. 잽싸게 달려갑니다.

2. 달콤하고 조금 매콤하고

3. 아침 이슬이 세수하래요.

4. 아침 해가 노래하재요.

5. 도대체 시끄러워서

다음 낱말을 넣어 짧은 글짓기를 해 보세요.

잽싸게

도대체

바르게 따라 써 보세요.

1 잽싸게 달려갑니다.

2 달콤하고 조금 매콤하고

3 아침 이슬이 세수하래요.

4 아침 해가 노래하재요.

5 도대체 시끄러워서

소리 내어 읽으며 한 번 더 써 보세요.

1

2

3

4

5

'내'를 써요. ❷

1. 실망한 채 집으로

2. 옷고름을 바르게 매어서

3. 둥지째 떼어 갈까?

4. 때굴때굴 도토리 어디서 왔나?

5. 흙에서 캐낸 동글동글한 감자

맞게 쓴 단어에 ○, 틀리게 쓴 단어에 × 해 보세요.

1. 신발끈을 바르게 메고( ) 걸어요.

2. 밭에서 캐낸( ) 길쭉한 고구마

3. 둥지째( ) 떼어 가 버렸어요.

바르게 따라 써 보세요.

1. 실망한 채 집으로

2. 옷고름을 바르게 매어서

3. 둥지째 떼어 갈까?

4. 때굴때굴 도토리 어디서 왔나?

5. 흙에서 캐낸 동글동글한 감자

소리 내어 읽으며 한 번 더 써 보세요.

1.

2.

3.

4.

5.

'개'를 써요. ❸

1. 재미있는 내 얼굴

2. 개구리가 개굴개굴 웁니다.

3. 엄마, 바람개비 만들었어요.

4. 모래밭에는 알록달록 예쁜 천막이

5. 빨래들이 신나게 춤을 춥니다.

바르게 쓴 낱말을 찾아 색칠하세요.

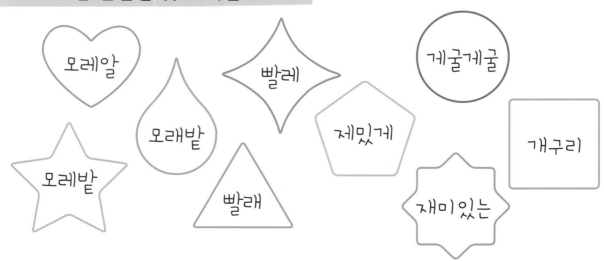

모레알

빨레

게굴게굴

모래밭

제밌게

개구리

모레밭

빨래

재미있는

바르게 따라 써 보세요.

① 재미있는 내 얼굴

② 개구리가 개굴개굴 웁니다.

③ 엄마, 바람개비 만들었어요.

④ 모래밭에는 알록달록 예쁜 천막이

⑤ 빨래들이 신나게 춤을 춥니다.

소리 내어 읽으며 한 번 더 써 보세요.

①

②

③

④

⑤

'되'를 써요.

1. 움직일 수 없게 되었어요.

2. 올라서면 안 된다.

3. 친한 친구가 되었어.

4. 벼를 잘 베면 되지요?

5. 걱정이 되었습니다.

'돼'와 '되'를 구별해요. 1

'되'는 새롭게 다른 것으로 바뀌거나 변하는 것, 혹은 어떤 상태에 놓인다는 뜻의 '되다'에 쓰이지요. '돼'는 '되어'를 줄인 말이며, '되+어'의 형태랍니다. 따라서 '되어'로 바꿀 수 있는 자리에는 '돼'를 쓰고 '되어'로 바꾸었을 때 어색하게 느껴지면 '되'를 쓰면 돼요.

바르게 따라 써 보세요.

1 움직일 수 없게 되었어요.

2 올라서면 안 된다.

3 친한 친구가 되었어.

4 벼를 잘 베면 되지요?

5 걱정이 되었습니다.

소리 내어 읽으며 한 번 더 써 보세요.

1

2

3

4

5

'돼'를 써요.

1. 사진을 찍으면 안 돼요.

2. 올해도 농사가 잘돼야 하는데

3. 우리 집에 오고 싶으면 와도 돼!

4. 의사가 돼서 널 고쳐줄게.

5. 이제 됐습니다.

'돼'와 '되'를 구별해요. **2**

예를 들어 '안 돼요!'는 '안 되어요'로 바꿔 쓸 수 있지요.

하지만, '벼를 잘 베면 되지요?'를 '벼를 잘 베면 되어지요?'
라고 바꾸어 쓰기는 어색하답니다.

이젠 '돼'와 '되'를 잘 구별해 쓸 수 있겠지요?

바르게 따라 써 보세요.

1 사진을 찍으면 안 돼요.

2 올해도 농사가 잘돼야 하는데

3 우리 집에 오고 싶으면 와도 돼!

4 의사가 돼서 널 고쳐줄게.

5 이제 됐습니다.

소리 내어 읽으며 한 번 더 써 보세요.

1

2

3

4

5

‘대’를 써요.

1. 비실비실 들어왔대.

2. 요즈음에도 가끔 심통을 부린대.

3. 장학금 천만 원을 주셨대!

4. 밤을 팔아서 돈도 벌었대.

5. 게으름을 피우면 소가 된대요.

‘대’와 ‘데’를 구별해요.

‘-대’는 남이 말하거나 겪은 내용을 간접적으로 전달할 때 써요.

‘-데’는 ‘-더라’라는 뜻으로 말하는 이가 직접 경험하여 새로이 알게 된 사실을 나타내지요.

 바르게 따라 써 보세요.

1 비실비실 들어왔대.

2 요즈음에도 가끔 심통을 부린대.

3 장학금 천만 원을 주셨대!

4 밤을 팔아서 돈도 벌었대.

5 게으름을 피우면 소가 된대요.

 소리 내어 읽으며 한 번 더 써 보세요.

1

2

3

4

5

'데'를 써요.

1. 사자가 얼마나 힘이 센데요!

2. 우리 누나 대단한데?

3. 일 나가야 하는데

4. 먹을 거 없는데?

5. 세배하러 오는 사람이 없는데

괄호 안의 낱말 중 바른 것을 골라 ○ 하세요.

1. 게으름을 피우면 소가 (된대요 / 된데요).

2. 우리 채연이 (대단한데 / 대단한대)?

3. 일 나가야 (하는대 / 하는데)도 가지 않았다.

4. 숙제할 시간도 (없는데 / 없는대) 놀았다.

5. 설날에 세배하러 오는 사람도 (없는대 / 없는데)

바르게 따라 써 보세요.

1. 사자가 얼마나 힘이 센데요!

2. 우리 누나 대단한데?

3. 일 나가야 하는데

4. 먹을 거 없는데?

5. 세배하러 오는 사람이 없는데

소리 내어 읽으며 한 번 더 써 보세요.

1.

2.

3.

4.

5.

받아쓰기 실전 연습

1회

불러 주는 말을 잘 듣고, 받아쓰세요. 🎧 Track-1

1
2
3
4
5
6
7
8
9
10

정답 133쪽

2회

불러 주는 말을 잘 듣고, 받아쓰세요. Track-2

1

2

3

4

5

6

7

8

9

10

정답 133쪽

아쉬운
받아쓰기에서 탈출

초등학생이 가장 많이 틀리는 받아쓰기 문제 중에서
'하나 받침'과 '쌍받침' 문제를 모았어요.
틀리기 쉬운 '하나 받침'과 '쌍받침'을 공부해
아쉬운 받아쓰기에서 탈출해 봅시다!

매일 매일 꾸준히 써요.
다 쓴 날에 색칠해 보세요.

'ㄱ' 받침을 써요. ❶

1. 뾰족뾰족

2. 걱정 마

3. 딱딱해서

4. 납작한 접시에

5. 꽥꽥꽥 아기 오리

우리 주변에서 뾰족뾰족한 것과 납작한 것을 찾아 써 보세요.

뾰족뾰족한 것

납작한 것

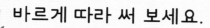 바르게 따라 써 보세요.

① 뾰족뾰족

② 걱정 마

③ 딱딱해서

④ 납작한 접시에

⑤ 꽥꽥꽥 아기 오리

 소리 내어 읽으며 한 번 더 써 보세요.

①

②

③

④

⑤

12일째

'7' 받침을 써요. ❷

1. 책장을 착착 넘기더니

2. 방문을 벌컥 열었어요.

3. 바르고 정확하게

4. 고운 알을 소복하게

5. 씩씩하게 건강하게

네모 칸에 바르게 따라 써 보세요.

벌	컥	정	확	납	작

바르게 따라 써 보세요.

1. 책장을 착착 넘기더니
2. 방문을 벌컥 열었어요.
3. 바르고 정확하게
4. 고운 알을 소복하게
5. 씩씩하게 건강하게

소리 내어 읽으며 한 번 더 써 보세요.

1.

2.

3.

4.

5.

'ㅋ' 받침을 써요.

1. 키읔

2. 부엌을 깨끗이

3. 동녘에 해 뜰 때

4. 해 질 녘까지 돌아오너라.

5. 새벽녘부터 비가 내리기 시작했다.

바르게 쓴 낱말을 따라가 길을 찾아보세요.

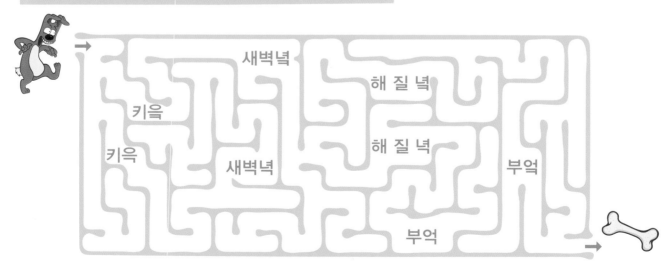

바르게 따라 써 보세요.

1 키읔

2 부엌을 깨끗이

3 동녘에 해 뜰 때

4 해 질 녘까지 돌아오너라.

5 새벽녘부터 비가 내리기 시작했다.

소리 내어 읽으며 한 번 더 써 보세요.

1

2

3

4

5

'⊏'받침을 써요.

1. 잠도 쏟아지고 귀찮아서

2. 무서워서 소름이 돋았어.

3. 옷에 묻어 있는 흙을 털어 내고

4. 이튿날부터

5. 냄새를 묻히며 기어갑니다.

받침을 써서 낱말을 완성하세요.

쏟	아	지	고		묻	히	며

이	튿	날	부	터		돋	았	어

바르게 따라 써 보세요.

1 잠도 쏟아지고 귀찮아서

2 무서워서 소름이 돋았어.

3 옷에 묻어 있는 흙을 털어 내고

4 이튿날부터

5 냄새를 묻히며 기어갑니다.

소리 내어 읽으며 한 번 더 써 보세요.

1

2

3

4

5

'ㅌ' 받침을 써요. ❶

1. 솥에다 삶아서

2. 마루 밑에서

3. 볕에서 꼬박꼬박 졸다가

4. 냄새를 맡아요.

5. 쟁반같이 둥근 달

어울리는 것끼리 연결해 보세요.

냄새를 맡아요   쟁반같이 둥근 달   솥에다 삶아서

바르게 따라 써 보세요.

1 솥에다 삶아서

2 마루 밑에서

3 볕에서 꼬박꼬박 졸다가

4 냄새를 맡아요.

5 쟁반같이 둥근 달

소리 내어 읽으며 한 번 더 써 보세요.

1

2

3

4

5

'ㅌ'받침을 써요. ❷

1. 게시판에 붙이니

2. 말끝을 흐리면

3. 맛있는 팥빙수

4. 친구와 같이 학교에 갔어요.

5. 내 강아지는 항상 내 곁에 있다.

팥으로 만든 음식 이름을 써 보세요.

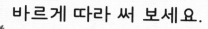 바르게 따라 써 보세요.

1 게시판에 붙이니

2 말끝을 흐리면

3 맛있는 팥빙수

4 친구와 같이 학교에 갔어요.

5 내 강아지는 항상 내 곁에 있다.

 소리 내어 읽으며 한 번 더 써 보세요.

1

2

3

4

5

'ㅂ' 받침을 써요. ❶

1. 겁먹은

2. 아기의 대답

3. 무섭지 않아

4. 올망졸망 일곱 난쟁이

5. 술래잡기를 하다가

빈칸에 알맞은 받침을 찾아 연결해 보세요.

술래잡기 · · ㅂ

· ㅍ

대답 · · ㅌ

· ㅂ

 바르게 따라 써 보세요.

1 겁먹은

2 아기의 대답

3 무섭지 않아

4 올망졸망 일곱 난쟁이

5 술래잡기를 하다가

 소리 내어 읽으며 한 번 더 써 보세요.

1

2

3

4

5

'ㅂ' 받침을 써요. ❷

1. 따라갑니다.

2. 헌 집은 무너지고

3. 몸집이 작으니까

4. 고맙습니다.

5. 간지럽다며 웃었습니다.

받침을 써서 낱말을 완성하세요.

묻	히	며		파	빙	수

몸	집		간	지	럽	다

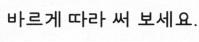 바르게 따라 써 보세요.

1 따라갑니다.

2 헌 집은 무너지고

3 몸집이 작으니까

4 고맙습니다.

5 간지럽다며 웃었습니다.

 소리 내어 읽으며 한 번 더 써 보세요.

1

2

3

4

5

'교' 받침을 써요. ❶

1. 가고 싶은가 봐요.

2. 사슴은 숲으로 뛰어갔습니다.

3. 인상 깊었던 일을 써요.

4. 무릎이 온통 상처투성이입니다.

5. 냉장고 옆에 있는 북극곰

소리 나는 대로 쓴 것을 보고 바르게 고쳐 보세요.

1. 무르피   → (   )

2. 여페   → (   )

3. 수프로   → (   )

4. 가고 시픈가 → (   )

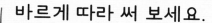 바르게 따라 써 보세요.

1 가고 싶은가 봐요.

2 사슴은 숲으로 뛰어갔습니다.

3 인상 깊었던 일을 써요.

4 무릎이 온통 상처투성이입니다.

5 냉장고 옆에 있는 북극곰

 소리 내어 읽으며 한 번 더 써 보세요.

1

2

3

4

5

'亚' 받침을 써요. ❷

1. 소를 잡아먹고 싶었어요.
2. 나뭇잎을 보니
3. 늪에 사는 동물들
4. 앞으로 힘차게 달렸다.
5. 옛날 옛날 깊은 산 속에

바르게 쓴 낱말을 찾아 색칠하세요.

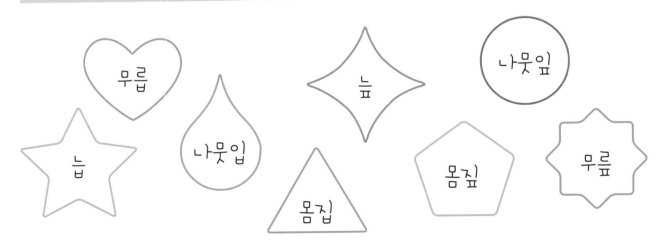

무릎 / 늪 / 나뭇입 / 몸집 / 늪 / 몸짚 / 나뭇잎 / 무릎

바르게 따라 써 보세요.

1 소를 잡아먹고 싶었어요.

2 나뭇잎을 보니

3 늪에 사는 동물들

4 앞으로 힘차게 달렸다.

5 옛날 옛날 깊은 산 속에

소리 내어 읽으며 한 번 더 써 보세요.

1

2

3

4

5

'人' 받침을 써요. ❶

1. 금방 낫는 거예요.

2. 시원한 바닷바람을 맞으니

3. 투둑투둑 부딪치는 빗방울 소리

4. 콧잔등에 땀이 송골송골

5. 마룻장이 낡아서

바르게 쓴 낱말을 찾아 색칠하세요.

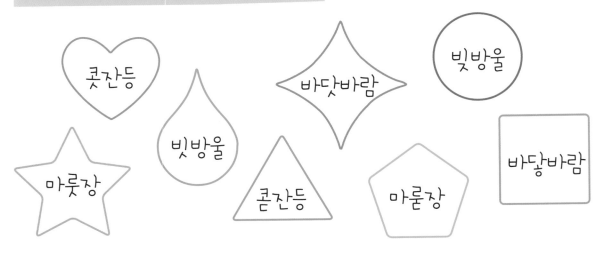

콧잔등

빗방울

바닷바람

빗방울

마룻장

빗방울

콧잔등

마룻장

바닿바람

바르게 따라 써 보세요.

① 금방 낫는 거예요.

② 시원한 바닷바람을 맞으니

③ 투둑투둑 부딪치는 빗방울 소리

④ 콧잔등에 땀이 송골송골

⑤ 마룻장이 낡아서

소리 내어 읽으며 한 번 더 써 보세요.

①

②

③

④

⑤

'ㅅ' 받침을 써요. ❷

1. 꼬부랑 할머니가 꼬부랑 고갯길을

2. 재빨리 귓속말하였어요.

3. 실컷 구경하고 싶었지만

4. 꽃밭에 팻말이 꽂혀 있습니다.

5. 진딧물과 서로 돕고 삽니다.

꼬부랑 고갯길을 걸어가는 할머니에게 필요한 것은 무엇일까요?

2가지만 생각해서 써 보세요.

바르게 따라 써 보세요.

1. 꼬부랑 할머니가 꼬부랑 고갯길을
2. 재빨리 귓속말하였어요.
3. 실컷 구경하고 싶었지만
4. 꽃밭에 팻말이 꽂혀 있습니다.
5. 진딧물과 서로 돕고 삽니다.

소리 내어 읽으며 한 번 더 써 보세요.

1.

2.

3.

4.

5.

'ㅈ' 받침을 써요. ❶

1. 개 짖는 소리가 틀림없구먼.

2. 주사 맞았으니까

3. 약초를 찾으러 떠났습니다.

4. 벽에 부딪히지 않게 조심하기

5. 온갖 열매가 맺힌 모습을

다은 낱말을 넣어 짧은 글짓기를 해 보세요.

온갖

짖는

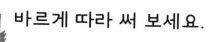 

바르게 따라 써 보세요.

① 개 짖는 소리가 틀림없구먼.

② 주사 맞았으니까

③ 약초를 찾으러 떠났습니다.

④ 벽에 부딪히지 않게 조심하기

⑤ 온갖 열매가 맺힌 모습을

소리 내어 읽으며 한 번 더 써 보세요.

①

②

③

④

⑤

'ㅈ' 받침을 써요. ❷

1. 그릇을 빚어 주지 않겠니?

2. 너 땜에 야단맞았잖아!

3. 밤낮으로

4. 한 개만 갖고 싶었을 뿐이야.

5. 곶감을 수정과에 넣다.

다음 사진의 낱말과 어울리는 받침을 연결해 보세요.

ㅅ   ㅊ   ㅈ

바르게 따라 써 보세요.

① 그릇을 빚어 주지 않겠니?

② 너 땜에 야단맞았잖아!

③ 밤낮으로

④ 한 개만 갖고 싶었을 뿐이야.

⑤ 곶감을 수정과에 넣다.

소리 내어 읽으며 한 번 더 써 보세요.

①

②

③

④

⑤

'초' 받침을 써요.

1. 햇빛을 가려주는 나무

2. 나팔꽃이 일어나래요.

3. 돛단배 한 척

4. 모두 쫓겨난 거잖아.

5. 윷놀이에 필요한 윷은 4개

그림과 어울리는 낱말을 연결해 보세요.

도　　　개　　　걸　　　윷　　　모

바르게 따라 써 보세요.

1. 햇빛을 가려주는 나무

2. 나팔꽃이 일어나래요.

3. 돛단배 한 척

4. 모두 쫓겨난 거잖아.

5. 윷놀이에 필요한 윷은 4개

소리 내어 읽으며 한 번 더 써 보세요.

1.

2.

3.

4.

5.

'ㅎ' 받침을 써요. ❶

1. 까맣고 반들반들 윤기 나는

2. 의좋게 잘 살았답니다.

3. 커다랗고 컴컴한 터널

4. 말갛게 보이지만

5. 이렇게 짤랑짤랑하는 소리가

받침 'ㅎ'이 뒷소리와 만나면?

받침 'ㅎ'은 뒷소리를 바꿔 준답니다.

까맣고 → [까마코]	말갛게 → [말가케]
의좋게 → [의조케]	이렇게 → [이러케]
커다랗고 → [커다라코]	

바르게 따라 써 보세요.

1 까맣고 반들반들 윤기 나는

2 의좋게 잘 살았답니다.

3 커다랗고 컴컴한 터널

4 말갛게 보이지만

5 이렇게 짤랑짤랑하는 소리가

소리 내어 읽으며 한 번 더 써 보세요.

1

2

3

4

5

'ㅎ' 받침을 써요. ❷

1. 붓이 닿을 때마다

2. 이제야 마음이 조금 놓였어.

3. 볏단을 잘 쌓으면 되죠?

4. 허리춤에 넣어 갈까?

5. 알을 소복하게 낳아 놓았습니다.

다음을 가지고 상상하여 그림을 그려 보세요.

내가 그린 그림은 (   )입니다.

바르게 따라 써 보세요.

① 붓이 닿을 때마다

② 이제야 마음이 조금 놓였어.

③ 볏단을 잘 쌓으면 되죠?

④ 허리춤에 넣어 갈까?

⑤ 알을 소복하게 낳아 놓았습니다.

소리 내어 읽으며 한 번 더 써 보세요.

①

②

③

④

⑤

'ㄲ' 받침을 써요.

1. 엄만 만날 책밖에 몰라.
2. 이를 닦았습니다.
3. 팻말은 꺾여 있어서
4. 볶음밥을 만들어
5. 힘든 일을 겪었다.

바르게 쓴 낱말을 찾아 색칠하세요.

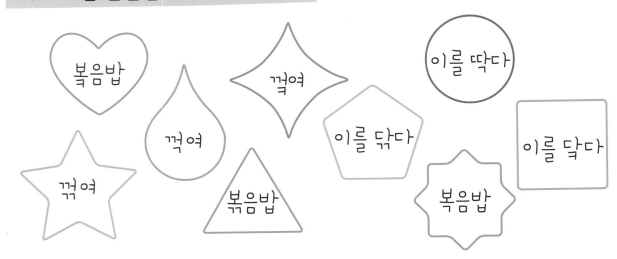

바르게 따라 써 보세요.

① 엄만 만날 책밖에 몰라.

② 이를 닦았습니다.

③ 팻말은 꺾여 있어서

④ 볶음밥을 만들어

⑤ 힘든 일을 겪었다.

소리 내어 읽으며 한 번 더 써 보세요.

①

②

③

④

⑤

'쌌' 받침을 써요. ❶

1. 혼내 주려다 그만뒀다.
2. 방문을 벌컥 열었어요.
3. 감쪽같이 사라져 버렸어!
4. 안녕히 다녀오셨어요?
5. 음식을 담아 내놓았어요.

빈칸에 빠진 글자를 써 보세요.

1. 안녕히 다녀오 ☐ 어요?

2. 혼내 주려다 그만 ☐ 다.

3. 음식을 담아 내놓 ☐ 어요.

바르게 따라 써 보세요.

1. 혼내 주려다 그만뒀다.

2. 방문을 벌컥 열었어요.

3. 감쪽같이 사라져 버렸어!

4. 안녕히 다녀오셨어요?

5. 음식을 담아 내놓았어요.

소리 내어 읽으며 한 번 더 써 보세요.

1.

2.

3.

4.

5.

'씨' 받침을 써요. ❷

1. 아기를 달래고 있었어요.

2. 너무너무 화났어!

3. 잡아먹어야겠다고 생각했어요.

4. 첨벙첨벙 재밌게

5. 잠을 자기는 다 틀렸나 봐.

바르게 쓴 낱말을 찾아 색칠하세요.

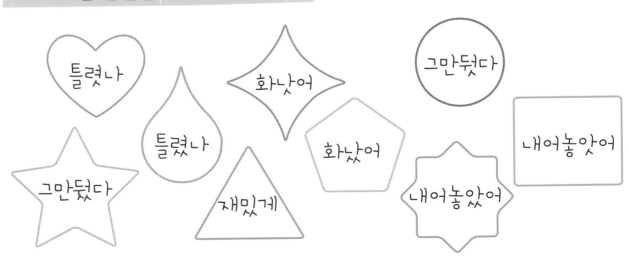

틀렷나

화났어

그만덮다

틀렸나

화났어

내어놓앗어

그만덮다

재밌게

내어놓았어

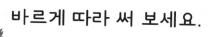 

바르게 따라 써 보세요.

① 아기를 달래고 있었어요.

② 너무너무 화났어!

③ 잡아먹어야겠다고 생각했어요.

④ 첨벙첨벙 재밌게

⑤ 잠을 자기는 다 틀렸나 봐.

 소리 내어 읽으며 한 번 더 써 보세요.

①

②

③

④

⑤

3회

불러 주는 말을 잘 듣고, 받아쓰세요. 🎧 Track-3

①

②

③

④

⑤

⑥

⑦

⑧

⑨

⑩

정답 133쪽

불러 주는 말을 잘 듣고, 받아쓰세요. Track-4

1

2

3

4

5

6

7

8

9

10

정답 133쪽

받아쓰기 실전 연습

5회

불러 주는 말을 잘 듣고, 받아쓰세요. 🎧 Track-5

1

2

3

4

5

6

7

8

9

10

정답 134쪽

6회

불러 주는 말을 잘 듣고, 받아쓰세요. Track-6

1

2

3

4

5

6

7

8

9

10

정답 134쪽

뿌듯한
받아쓰기로 이동

초등학생이 가장 많이 틀리는
받아쓰기 문제 중에서 '둘 받침' 문제를 모았어요.
틀리기 쉬운 '둘 받침'을 공부하여
뿌듯한 받아쓰기로 넘어가 봅시다!

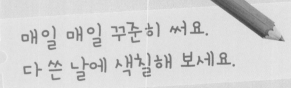

매일 매일 꾸준히 써요.
다 쓴 날에 색칠해 보세요.

36일째

37일째

38일째

39일째

40일째

'기' 받침을 써요.

1. 내 몫이 더 작아.

2. 품삯을 받고 남의 일을 해 주며

3. 넋을 놓고 바라본다.

4. 뱃삯은 얼마입니까?

5. 한몫을 한다.

소리 나는 대로 쓴 것을 보고 바르게 고쳐 보세요.

1. 내 목시   → (   )

2. 넉슬 놓고 → (   )

3. 뱃삭슨   → (   )

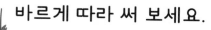 바르게 따라 써 보세요.

1 내 몫이 더 작아.

2 품삯을 받고 남의 일을 해 주며

3 넋을 놓고 바라본다.

4 뱃삯은 얼마입니까?

5 한몫을 한다.

 소리 내어 읽으며 한 번 더 써 보세요.

1

2

3

4

5

'☒' 받침을 써요.

1. 나란히 앉았어요.

2. 장작을 더 얹자

3. 흥분을 가라앉히고 말했다.

4. 앉으나 서나

5. 가슴에 손을 얹고

괄호 안의 낱말 중 바른 것을 골라 ○ 하세요.

1. 가슴에 손을 (엎고 / 얹고)

2. 흥분을 가라(안치고 / 앉히고) 말했다.

3. 나란히 (앉아 / 앉자) 갔어요.

4. 장작을 더 (언짜 / 얹자)

5. (앉으나 / 않으나) 서나 언제나

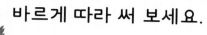

바르게 따라 써 보세요.

① 나란히 앉았어요.

② 장작을 더 얹자

③ 흥분을 가라앉히고 말했다.

④ 앉으나 서나

⑤ 가슴에 손을 얹고

소리 내어 읽으며 한 번 더 써 보세요.

①

②

③

④

⑤

'ㄶ' 받침을 써요. ❶

1. 괜찮아, 나는 무섭지 않아.

2. 어머니께서 많이 편찮으신데

3. 너 땜에 야단맞았잖아!

4. 함부로 버리지 않았으면

5. 가시가 많아.

맞게 쓴 단어에 ○, 틀리게 쓴 단어에 × 해 보세요.

1. 어머니께서 많이 편찮으십니다(   ).

2. 가시가 많은(   ) 장미

3. 괜차나(   ), 나는 무섭지 않아(   ).

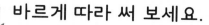

바르게 따라 써 보세요.

1 괜찮아, 나는 무섭지 않아.

2 어머니께서 많이 편찮으신데

3 너 땜에 야단맞았잖아!

4 함부로 버리지 않았으면

5 가시가 많아.

소리 내어 읽으며 한 번 더 써 보세요.

1

2

3

4

5

'ㄶ' 받침을 써요. ❷

1. 이유를 묻지 않았습니다.

2. 늘 웃음이 끊이지 않습니다.

3. 말참견하고 있잖아.

4. 잠도 쏟아지고 귀찮아서

5. 아름답지 않은가?

빈칸에 빠진 글자를 써 보세요.

1. 아름답지 [   ]은가?

2. 말참견하고 있 [   ] 아.

3. 이유를 묻지 [   ] 았습니다.

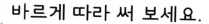

바르게 따라 써 보세요.

1 이유를 묻지 않았습니다.

2 늘 웃음이 끊이지 않습니다.

3 말참견하고 있잖아.

4 잠도 쏟아지고 귀찮아서

5 아름답지 않은가?

소리 내어 읽으며 한 번 더 써 보세요.

1

2

3

4

5

'리' 받침을 써요. ❶

1. 책을 읽다가 머리를 긁었다.

2. 개미는 흙 나르고

3. 선생님께서 읽어 주시는 시

4. 이름이 지어진 까닭이 궁금했다.

5. 엄마 닭을 따라 나섰다가

빈칸에 알맞은 낱말을 쓰세요.

바르게 따라 써 보세요.

1 책을 읽다가 머리를 긁었다.

2 개미는 흙 나르고

3 선생님께서 읽어 주시는 시

4 이름이 지어진 까닭이 궁금했다.

5 엄마 닭을 따라 나섰다가

소리 내어 읽으며 한 번 더 써 보세요.

1

2

3

4

5

'리' 받침을 써요. ❷

1. 작은 암닭이 병아리들과

2. 벌써 날이 밝았어.

3. 별빛처럼 맑은 웃음소리

4. 굵은 빗방울이 내리기 시작하였습니다.

5. 얼굴을 붉히며

빈칸에 알맞은 받침을 찾아 연결해 보세요.

암ㅌ\[ ]   ·   · ㄱㅅ

귀찮아   ·   · ㄴㅎ

한모\[ ]   ·   · ㄹㄱ

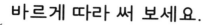 바르게 따라 써 보세요.

1 작은 암탉이 병아리들과

2 벌써 날이 밝았어.

3 별빛처럼 맑은 웃음소리

4 굵은 빗방울이 내리기 시작하였습니다.

5 얼굴을 붉히며

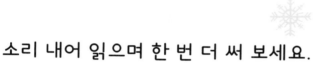

소리 내어 읽으며 한 번 더 써 보세요.

1

2

3

4

5

'쾨' 받침을 써요.

1. 조금 짧게 띄어 읽습니다.

2. 여덟 폭 넓은 치마

3. 온몸에 엷은 갈색 점이 퍼져 있다.

4. 까치가 밟아도 딴딴

5. 섧게 운다.

다음 낱말을 넣어 짧은 글짓기를 해 보세요.

넓은

엷은

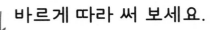 바르게 따라 써 보세요.

1 조금 짧게 띄어 읽습니다.

2 여덟 폭 넓은 치마

3 온몸에 엷은 갈색 점이 퍼져 있다.

4 까치가 밟아도 딴딴

5 섧게 운다.

 소리 내어 읽으며 한 번 더 써 보세요.

1

2

3

4

5

'ㅄ' 받침을 써요.

1. 동생이 거실에도 없었다.

2. 가엾기도 가엾어.

3. 책값을 계산하고

4. 말없이 다가와 손을 얹었다.

5. 계절에 관계없이 즐기는 놀이이다.

빈칸에 빠진 글자를 써 보세요.

1. 말 ☐ 이 사라졌다.

2. 구름 한 점 ☐ 는 화창한 날씨

3. 의지할 곳 ☐ 는 가 ☐ 은 존재

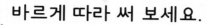 바르게 따라 써 보세요.

1 동생이 거실에도 없었다.

2 가엾기도 가엾어.

3 책값을 계산하고

4 말없이 다가와 손을 얹었다.

5 계절에 관계없이 즐기는 놀이이다.

 소리 내어 읽으며 한 번 더 써 보세요.

1

2

3

4

5

'鴞' 받침을 써요.

1. 엄마가 젊어 보이는 까닭

2. 달걀을 삶아 주셨습니다.

3. 화분으로 옮겨 주었다.

4. 서로 닮아 갑니다.

5. 밥을 굶었습니다.

틀린 낱말을 찾아 바르게 고쳐 써 보세요.

밥을 굴멌다

닮아 갑니다

옳겨 주었다

젊어 보이는 엄마

삶은 달걀

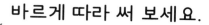
바르게 따라 써 보세요.

① 엄마가 젊어 보이는 까닭

② 달걀을 삶아 주셨습니다.

③ 화분으로 옮겨 주었다.

④ 서로 닮아 갑니다.

⑤ 밥을 굶었습니다.

소리 내어 읽으며 한 번 더 써 보세요.

①

②

③

④

⑤

'⅋ㅎ' 받침을 써요.

1. 내 지우개는 많이 닳았어요.

2. 보글보글 끓고 있지요.

3. 자기의 말이 옳다고 한다.

4. 길을 잃었다.

5. 미역을 가장 싫어한다.

바르게 쓴 곳을 통과하여 연못을 건너 봅시다.

길을 일었다.

미역을 싥어한다.

보글보글 끓고 있지요.

길을 잃었다.

미역을 싫어한다.

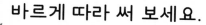

바르게 따라 써 보세요.

① 내 지우개는 많이 닳았어요.

② 보글보글 끓고 있지요.

③ 자기의 말이 옳다고 한다.

④ 길을 잃었다.

⑤ 미역을 가장 싫어한다.

소리 내어 읽으며 한 번 더 써 보세요.

①

②

③

④

⑤

받아쓰기 실전 연습

7회

불러 주는 말을 잘 듣고, 받아쓰세요. Track-7

1
2
3
4
5
6
7
8
9
10

정답 134쪽

8회

불러 주는 말을 잘 듣고, 받아쓰세요. 🎧 Track-8

1

2

3

4

5

6

7

8

9

10

완벽한
받아쓰기를 향해

초등학생이 가장 많이 틀리는
받아쓰기 문제 중에서 '맞춤법' 문제를 모았어요.
헷갈리기 쉬운 '맞춤법'을 공부하여
완벽한 받아쓰기에 도전해 봅시다!

매일 매일 꾸준히 써요.
다 쓴 날에 색칠해 보세요.

'안'과 '앓'

1. 올라서면 안 된다.

2. 꽃이 안 핀 데를 찾아보세요.

3. 연필을 넣지 앓았나 봅니다.

4. 우리 집에 놀러 오지 앓을래?

5. 사 주실 것 같지는 앓았습니다.

'안'과 '앓'을 비교해요.

 '안'은 '아니'의 줄임말이에요. '꽃이 안 핀 데를 찾아보세요'에서 '안'을 '아니'로 바꾸면 '꽃이 아니 핀 데를 찾아보세요'가 되지요. '앓'은 '아니하'의 줄임말입니다. '우리 집에 놀러 오지 앓을래?'는 '우리 집에 놀러 오지 아니할래?'로 바꿔 쓸 수 있답니다.

 바르게 따라 써 보세요.

1 올라서면 안 된다.

2 꽃이 안 핀 데를 찾아보세요.

3 연필을 넣지 않았나 봅니다.

4 우리 집에 놀러 오지 않을래?

5 사 주실 것 같지는 않았습니다.

 소리 내어 읽으며 한 번 더 써 보세요.

1

2

3

4

5

42일째

'마치다', '맞히다', '맞추다'

1. 숙제를 마치고 친구와 놀 것이다.
2. 동생에게 예방주사를 맞혀야 한다.
3. 정답을 맞혀 봐!
4. 깨진 유리 조각을 다시 맞추어 붙였다.
5. 책상 줄을 반듯하게 맞춰라.

다음 낱말을 넣어 짧은 글짓기를 해 보세요.

마치다

맞히다

맞추다

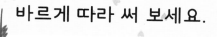 바르게 따라 써 보세요.

1 숙제를 마치고 친구와 놀 것이다.

2 동생에게 예방주사를 맞혀야 한다.

3 정답을 맞혀 봐!

4 깨진 유리 조각을 다시 맞추어 붙였다.

5 책상 줄을 반듯하게 맞춰라.

 소리 내어 읽으며 한 번 더 써 보세요.

1

2

3

4

5

'부치다'와 '붙이다'

1. 글자 카드를 벽에다 붙입니다.

2. 게시판에 붙이니

3. 대문에 쪽지를 붙여 놓자.

4. 진달래 꽃잎을 넣고 둥글게 부쳤습니다.

5. 선생님께 편지를 부쳤습니다.

괄호 안의 낱말 중 바른 것을 골라 ○ 하세요.

1. 혹 떼러 갔다가 혹 (부쳐 / 붙여) 온다.

2. 선물을 소포로 (붙였습니다 / 부쳤습니다).

3. 빈대떡을 (부칠 / 붙일) 재료를 준비했습니다.

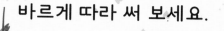 바르게 따라 써 보세요.

1 글자 카드를 벽에다 붙입니다.

2 게시판에 붙이니

3 대문에 쪽지를 붙여 놓자.

4 진달래 꽃잎을 넣고 둥글게 부쳤습니다.

5 선생님께 편지를 부쳤습니다.

 소리 내어 읽으며 한 번 더 써 보세요.

1

2

3

4

5

'이'로 끝나는 낱말

1. 손을 깨끗이 씻어라.

2. 장난감을 깊숙이 숨겨 두었다.

3. 할머니께서 일일이 가르쳐 주셨다.

4. 망원경으로 보니 별이 뚜렷이 보였다.

5. 반듯이 앉아 책을 읽습니다.

바르게 쓴 낱말을 찾아 색칠하세요.

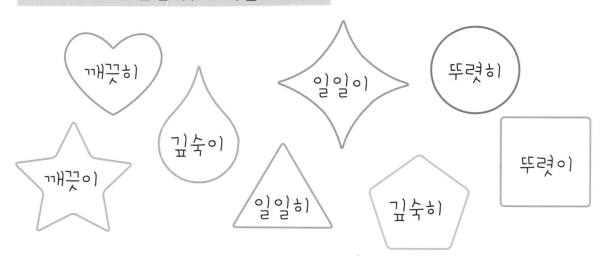

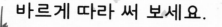

바르게 따라 써 보세요.

1 손을 깨끗이 씻어라.

2 장난감을 깊숙이 숨겨 두었다.

3 할머니께서 일일이 가르쳐 주셨다.

4 망원경으로 보니 별이 뚜렷이 보였다.

5 반듯이 앉아 책을 읽습니다.

소리 내어 읽으며 한 번 더 써 보세요.

1

2

3

4

5

'왠'과 '웬'

1. 오늘은 왠지 기분이 좋아.

2. 왠지 개운하지가 않아서

3. 어머나, 웬 우산이니?

4. 네가 지각을 하다니 웬일이야?

5. 나는 웬만해선 그렇게 하지 않는다.

'왠'과 '웬'을 구별해요.

'왠'은 '왜인'의 줄임말입니다. 즉 '오늘은 왜인지 모르게 기분이 좋다'는 문장을 '오늘은 왠지 모르게 기분이 좋다'라고 쓸 수 있지요. 나머지의 모든 경우에는 '웬'을 쓴답니다.

바르게 따라 써 보세요.

1 오늘은 왠지 기분이 좋아.

2 왠지 개운하지가 않아서

3 어머나, 웬 우산이니?

4 네가 지각을 하다니 웬일이야?

5 나는 웬만해선 그렇게 하지 않는다.

소리 내어 읽으며 한 번 더 써 보세요.

1

2

3

4

5

'잊어버리다'와 '잃어버리다'

1. 친절한 마음을 잊어버리지 않고

2. 까맣게 잊었어요.

3. 깜빡 잊고 넣지 않았나 봅니다.

4. 엄마 닭을 따라나섰다가 길을 잃었다.

5. 너 때문에 좋은 친구 잃어버렸어.

'잊다'와 '잃다'를 구별해요.

'잊다'는 '알았던 것을 기억해 내지 못함'을 뜻해요.
'잃다'는 '빼앗기거나 놓쳐서 없어지게 되는 것'을 뜻하지요.

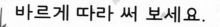 바르게 따라 써 보세요.

1 친절한 마음을 잊어버리지 않고

2 까맣게 잊었어요.

3 깜빡 잊고 넣지 않았나 봅니다.

4 엄마 닭을 따라나섰다가 길을 잃었다.

5 너 때문에 좋은 친구 잃어버렸어.

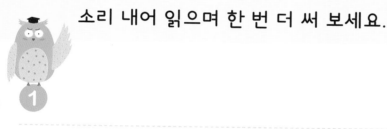 소리 내어 읽으며 한 번 더 써 보세요.

1

2

3

4

5

'묻히다'와 '무치다'

1. 친구에게 실수로 물감을 묻혔을 때

2. 땅속에 묻혀 있던 유물이 발견되었다.

3. 어둠에 묻힌 밤

4. 콩나물을 무치다.

5. 갖은 양념을 넣어 무쳐 먹었다.

맞게 쓴 단어에 ○, 틀리게 쓴 단어에 × 해 보세요.

1. 바다 밑에 보물선이 무쳐(   ) 있을까?

2. 손에 물 한방울 무치지(   ) 않고 살다.

3. 콩고물을 묻힌(   ) 떡

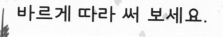

바르게 따라 써 보세요.

1. 친구에게 실수로 물감을 묻혔을 때
2. 땅속에 묻혀 있던 유물이 발견되었다.
3. 어둠에 묻힌 밤
4. 콩나물을 무치다.
5. 갖은 양념을 넣어 무쳐 먹었다.

소리 내어 읽으며 한 번 더 써 보세요.

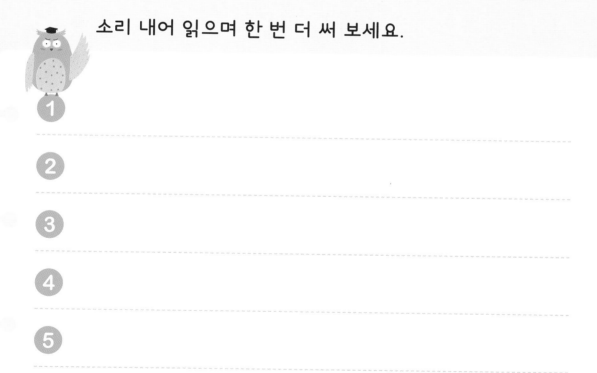

1.

2.

3.

4.

5.

'썩이다'와 '썩히다'

1. 여태껏 부모님 속을 썩인 적이 없었다.

2. 어찌할 줄 몰라 속을 썩이고 있었다.

3. 음식물 쓰레기를 썩혀서 거름을 만든다.

4. 너는 왜 아까운 재주를 썩히고 있니?

5. 홍어는 썩혀야 제맛!

'썩이다'와 '썩히다'를 구별해요.

'썩이다'는 '근심 걱정으로 불편하게 하다'라는 뜻을 가지고 있어요. '썩히다'는 '부패하여 나쁜 냄새가 나고 모양이 뭉개지는 상태', 혹은 '물건이나 사람이 제대로 쓰이지 못하고 내버려진 상태'를 뜻한답니다.

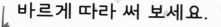 바르게 따라 써 보세요.

① 여태껏 부모님 속을 썩인 적이 없었다.

② 어찌할 줄 몰라 속을 썩이고 있었다.

③ 음식물 쓰레기를 썩혀서 거름을 만든다.

④ 너는 왜 아까운 재주를 썩히고 있니?

⑤ 홍어는 썩혀야 제맛!

 소리 내어 읽으며 한 번 더 써 보세요.

①

②

③

④

⑤

'띠다'와 '띄다'

1. 눈에 띄는 행동

2. 한 칸을 띄고 써야지.

3. 돛단배를 띄워

4. 하늘이 붉은색을 띠고 있다.

5. 역사적 사명을 띠고 올림픽에 출전하였다.

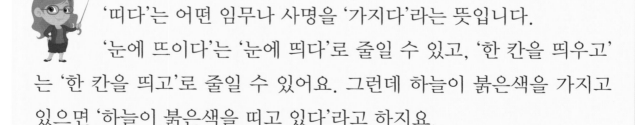

'띄다'는 '뜨이다', 또는 '띄우다'의 준말이에요.

'띠다'는 어떤 임무나 사명을 '가지다'라는 뜻입니다.
'눈에 뜨이다'는 '눈에 띄다'로 줄일 수 있고, '한 칸을 띄우고'
는 '한 칸을 띄고'로 줄일 수 있어요. 그런데 하늘이 붉은색을 가지고
있으면 '하늘이 붉은색을 띠고 있다'라고 하지요.

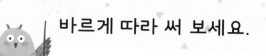 바르게 따라 써 보세요.

1 눈에 띄는 행동

2 한 칸을 띄고 써야지.

3 돛단배를 띄워

4 하늘이 붉은색을 띠고 있다.

5 역사적 사명을 띠고 올림픽에 출전하였다.

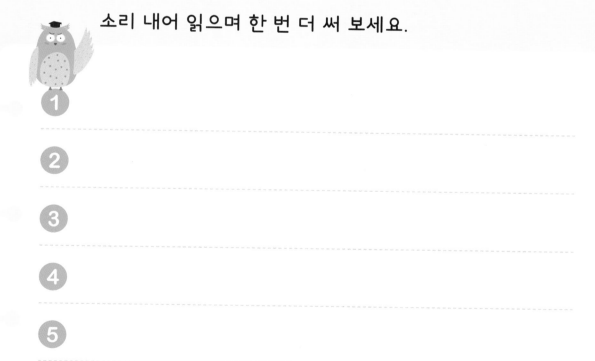 소리 내어 읽으며 한 번 더 써 보세요.

1

2

3

4

5

친구들이 많이 틀리는 낱말

1. 해님은 얼마큼 멀리 있을까요?

2. 소꿉놀이는 싫증 나지 않아요.

3. 오랜만에 된장찌개를 먹었다.

4. 방귀를 뀌어 창피하였다.

5. 짬뽕 곱빼기를 며칠 동안 계속 먹었다.

바르게 쓴 낱말을 찾아 색칠하세요.

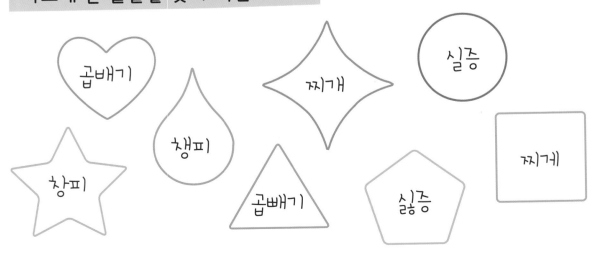

곱배기
찌개
실증
챙피
창피
곱빼기
싫증
찌게

바르게 따라 써 보세요.

1. 해님은 얼마큼 멀리 있을까요?
2. 소꿉놀이는 싫증 나지 않아요.
3. 오랜만에 된장찌개를 먹었다.
4. 방귀를 뀌어 창피하였다.
5. 짬뽕 곱빼기를 며칠 동안 계속 먹었다.

소리 내어 읽으며 한 번 더 써 보세요.

1.

2.

3.

4.

5.

받아쓰기 실전 연습

9회

불러 주는 말을 잘 듣고, 받아쓰세요. Track-9

1

2

3

4

5

6

7

8

9

10

불러 주는 말을 잘 듣고, 받아쓰세요.   Track-10

1

2

3

4

5

6

7

8

9

10

정답 135쪽

정답

1일째 10쪽

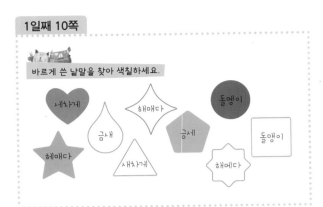

바르게 쓴 낱말을 찾아 색칠하세요.

세차게 / 해매다 / 돌멩이
금새 / 금세 / 돌맹이
헤매다 / 새차게 / 해에다

2일째 12쪽

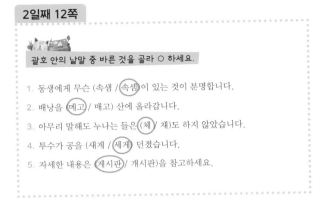

괄호 안의 낱말 중 바른 것을 골라 ○ 하세요.

1. 동생에게 무슨 (속셈 / 속셍)이 있는 것이 분명합니다.
2. 배낭을 (메고 / 매고) 산에 올라갑니다.
3. 아무리 말해도 누나는 들은 (체 / 채)도 하지 않았습니다.
4. 투수가 공을 (새게 / 세게) 던졌습니다.
5. 자세한 내용은 (게시판 / 개시판)을 참고하세요.

3일째 14쪽

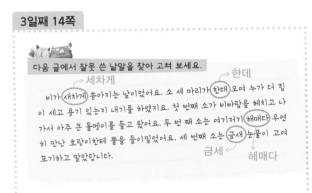

다음 글에서 잘못 쓴 낱말을 찾아 고쳐 보세요.

세차게 → 한데
비가 새차게 쏟아지는 날이었어요. 소 세 마리가 한대 모여 누가 더 힘이 세고 용기 있는지 내기를 하였지요. 첫 번째 소가 비바람을 헤치고 나가서 아주 큰 돌멩이를 들고 왔어요. 두 번째 소는 여기저기 해매다 우연히 만난 호랑이한테 뿔을 들이밀었어요. 세 번째 소는 금새 눈물이 고여 포기하고 말았답니다.
금세 → 헤매다

4일째 16쪽

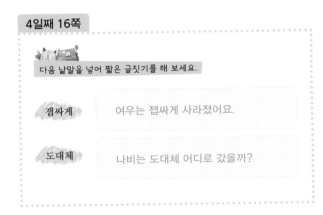

다음 낱말을 넣어 짧은 글짓기를 해 보세요.

| 잼싸게 | 여우는 잽싸게 사라졌어요. |
| 도대체 | 나비는 도대체 어디로 갔을까? |

5일째 18쪽

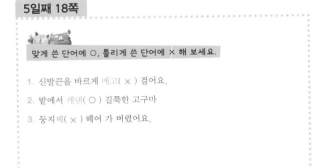

맞게 쓴 단어에 ○, 틀리게 쓴 단어에 × 해 보세요.

1. 신발끈을 바르게 메고(×) 걸어요.
2. 밭에서 캐낸(○) 길쭉한 고구마
3. 둥지째(×) 떼어 가 버렸어요.

6일째 20쪽

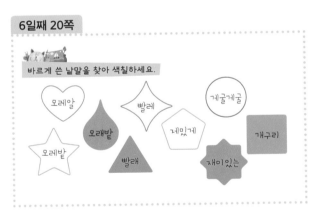

바르게 쓴 낱말을 찾아 색칠하세요.

모래알 / 빨레 / 게굴게굴
모래밭 / 게밌게 / 개구리
오레밭 / 빨래 / 개미있는

10일째 28쪽

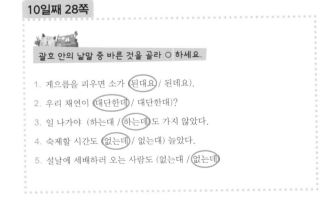

괄호 안의 낱말 중 바른 것을 골라 ○ 하세요.

1. 게으름을 피우면 소가 (된대요 / 된데요).
2. 우리 채연이 (대단한데 / 대단한대)?
3. 일 나가야 (하는대 / 하는데)도 가지 않았다.
4. 숙제할 시간도 (없는데 / 없는대) 늘었다.
5. 설날에 세배하러 오는 사람도 (없는대 / 없는데)

11일째 34쪽

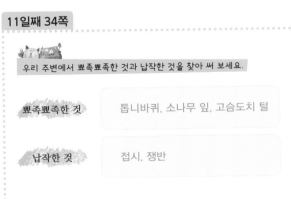

우리 주변에서 뾰족뾰족한 것과 납작한 것을 찾아 써 보세요.

| 뾰족뾰족한 것 | 톱니바퀴, 소나무 잎, 고슴도치 털 |
| 납작한 것 | 접시, 쟁반 |

12일째 36쪽

네모 칸에 바르게 따라 써 보세요.

벌	컥	정	확	납	작
벌	컥	정	확	납	작

13일째 38쪽

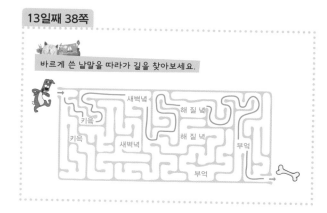

바르게 쓴 낱말을 따라가 길을 찾아보세요.

14일째 40쪽

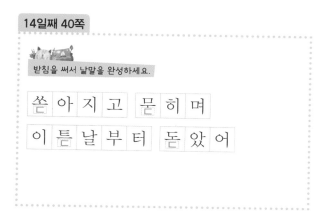

받침을 써서 낱말을 완성하세요.

쏟	아	지	고	묻	히	며

이	튿	날	부	터	돋	았	어

15일째 42쪽

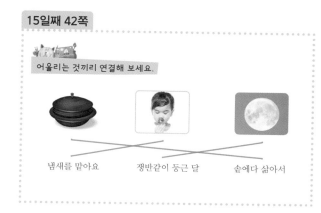

어울리는 것끼리 연결해 보세요.

냄새를 맡아요　　　쟁반같이 둥근 달　　　솥에다 삶아서

16일째 44쪽

팥으로 만든 음식 이름을 써 보세요.

팥죽　　　팥빙수　　　수수팥떡

17일째 46쪽

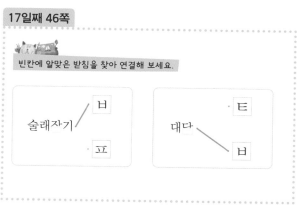

빈칸에 알맞은 받침을 찾아 연결해 보세요.

술래잡기　ㅂ　ㅍ

대다　ㅌ　ㅂ

18일째 48쪽

받침을 써서 낱말을 완성하세요.

묻	히	며	팥	빙	수

몸	집	간	지	럽	다

19일째 50쪽

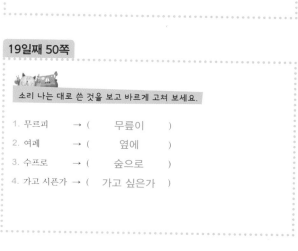

소리 나는 대로 쓴 것을 보고 바르게 고쳐 보세요.

1. 무르피　→　(　무릎이　)
2. 여페　→　(　옆에　)
3. 수프로　→　(　숲으로　)
4. 가고 시픈가　→　(　가고 싶은가　)

20일째 52쪽

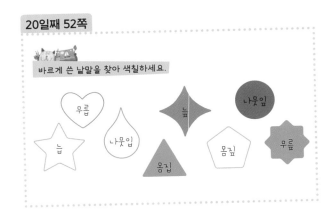

바르게 쓴 낱말을 찾아 색칠하세요.

21일째 54쪽

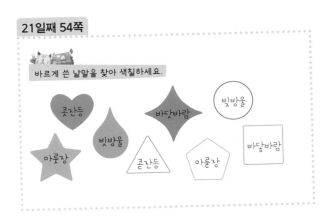

바르게 쓴 낱말을 찾아 색칠하세요.

22일째 56쪽

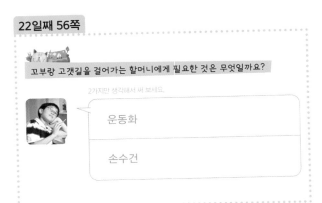

꼬부랑 고갯길을 걸어가는 할머니에게 필요한 것은 무엇일까요?

2가지만 생각해서 써 보세요.

운동화

손수건

23일째 58쪽

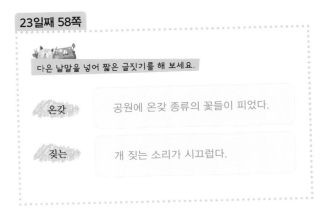

다음 낱말을 넣어 짧은 글짓기를 해 보세요.

온갖 — 공원에 온갖 종류의 꽃들이 피었다.

짖는 — 개 짖는 소리가 시끄럽다.

24일째 60쪽

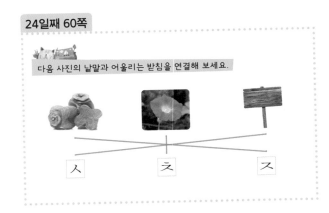

다음 사진의 낱말과 어울리는 받침을 연결해 보세요.

ㅅ   ㅊ   ㅈ

25일째 62쪽

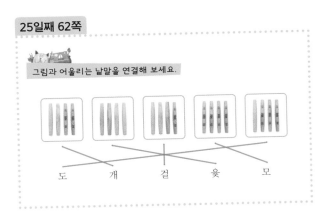

그림과 어울리는 낱말을 연결해 보세요.

도   개   걸   윷   모

28일째 68쪽

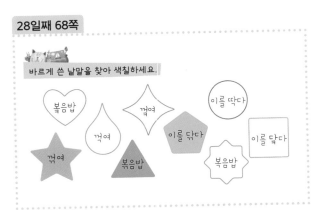

바르게 쓴 낱말을 찾아 색칠하세요.

29일째 70쪽

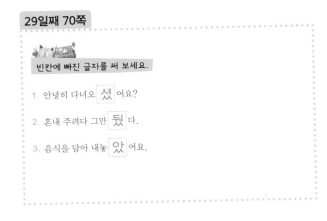

빈칸에 빠진 글자를 써 보세요.

1. 안녕히 다녀오 셨 어요?

2. 혼내 주려다 그만 뒀 다.

3. 음식을 담아 내놓 았 어요.

30일째 72쪽

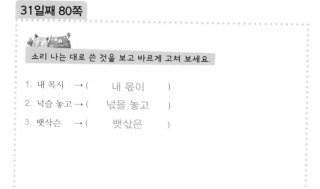

바르게 쓴 낱말을 찾아 색칠하세요.

틀렸나

화났어

그만뒀다

틀렸나

화났어

그만뒀다

재밌게

내어놓았어

내어놓았어

31일째 80쪽

소리 나는 대로 쓴 것을 보고 바르게 고쳐 보세요.

1. 내 목시 → (　내 몫이　)
2. 넉슬 놓고 → (　넋을 놓고　)
3. 뱃삭슨 → (　뱃삯은　)

32일째 82쪽

괄호 안의 낱말 중 바른 것을 골라 ○ 하세요.

1. 가슴에 손을 (없고 /(얹고))
2. 흥분을 가라(안치고 /(앉히고)) 말했다.
3. 나란히 ((앉아)/ 않자) 갔어요.
4. 장작을 더 (언짜 /(얹자))
5. ((앉으나)/ 않으나) 서나 언제나

33일째 84쪽

맞게 쓴 단어에 ○, 틀리게 쓴 단어에 × 해 보세요.

1. 어머니께서 많이 편찮으십니다(○).
2. 가시가 많은(×) 장미
3. 괜차나(×), 나는 무섭지 않아(○).

34일째 86쪽

빈칸에 빠진 글자를 써 보세요.

1. 아름답지 않 은가?
2. 말참견하고 있 잖 아.
3. 이유를 묻지 않 았습니다.

35일째 88쪽

빈칸에 알맞은 낱말을 쓰세요.

→ → ?

닭

36일째 90쪽

빈칸에 알맞은 받침을 찾아 연결해 보세요.

암타　　　　ㄱㅅ

귀차아　　　ㄴㅎ

한모　　　　ㄹㄱ

37일째 92쪽

다음 낱말을 넣어 짧은 글짓기를 해 보세요.

 넓은

넓은 바다를 구경하였다.

 엷은

엄마는 엷은 화장을 하셨다.

38일째 94쪽

빈칸에 빠진 글자를 써 보세요.

1. 말 **없** 이 사라졌다.

2. 구름 한 점 **없** 는 화창한 날씨

3. 의지할 곳 **없** 는 가 **없** 은 존재

39일째 96쪽

틀린 낱말을 찾아 바르게 고쳐 써 보세요.

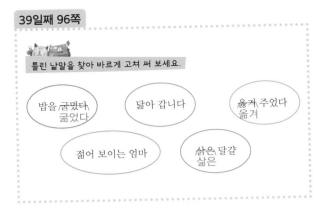

밥을 굶몄다
굶었다

닮아 갑니다

옮겨 주었다
옮겨

젊어 보이는 엄마

삶은 달걀
삶은

40일째 98쪽

바르게 쓴 곳을 통과하여 연못을 건너 봅시다.

길을 일었다.

미역을 싫어한다.

보글보글 끓고 있어요.

길을 잃었다.

미역을 싫어한다.

42일째 106쪽

다음 낱말을 넣어 짧은 글짓기를 해 보세요.

마치다 — 나는 숙제를 마치고 텔레비전을 본다.

맞히다 — 정답을 맞히고 상품을 받았다.

맞추다 — 언니는 퍼즐을 맞추었다.

43일째 108쪽

괄호 안의 낱말 중 바른 것을 골라 ○ 하세요.

1. 혹 떼러 갔다가 혹 (부처 /**붙여**) 온다.

2. 선물을 소포로 (붙였습니다 /**부쳤습니다**).

3. 빈대떡을 (**부칠**/ 붙일) 재료를 준비했습니다.

44일째 110쪽

바르게 쓴 낱말을 찾아 색칠하세요.

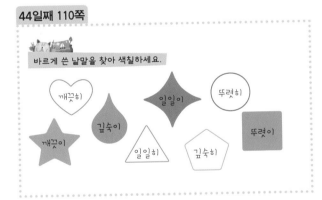

깨끗히
깊숙이
일일이
뚜렷히
깨끗이
일일히
깊숙히
뚜렷이

47일째 116쪽

맞게 쓴 단어에 ○, 틀리게 쓴 단어에 ✕ 해 보세요.

1. 바다 밑에 보물선이 무쳐(✕) 있을까?

2. 손에 물 한방울 무치지(✕) 않고 살다.

3. 콩고물을 묻힌(○) 떡

50일째 122쪽

바르게 쓴 낱말을 찾아 색칠하세요.

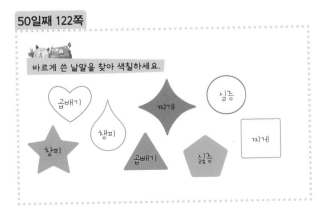

곱배기
챙피
찌개
실증
창피
곱배기
실증
찌게

132

받아쓰기 실전 연습 Track-1

1. 금세 눈물이 고였습니다.
2. 비가 세차게 쏟아지는 날
3. 동생의 속셈을 압니다.
4. 들은 체 만 체하며
5. 공이 데굴데굴 굴러갑니다.
6. 누나와 함께 숙제하고 잤어요.
7. 잽싸게 달려갑니다.
8. 아침 해가 노래하재요.
9. 옷고름을 바르게 매어서
10. 때굴때굴 도토리 어디서 왔나?

  받아쓰기 실전 연습 Track-2

1. 모래밭에는 알록달록 예쁜 천막이
2. 빨래들이 신나게 춤을 춥니다.
3. 올라서면 안 된다.
4. 친한 친구가 되었어.
5. 사진을 찍으면 안 돼요.
6. 의사가 돼서 널 고쳐줄게.
7. 밤을 팔아서 돈도 벌었대.
8. 게으름을 피우면 소가 된대요.
9. 사자가 얼마나 힘이 센데요!
10. 우리 누나 대단한데?

  받아쓰기 실전 연습 Track-3

1. 납작한 접시에
2. 꽥꽥꽥 아기 오리
3. 바르고 정확하게
4. 씩씩하게 건강하게
5. 부엌을 깨끗이
6. 해 질 녘까지 돌아오너라.
7. 잠도 쏟아지고 귀찮아서
8. 냄새를 묻히며 기어갑니다.
9. 솥에다 삶아서
10. 쟁반같이 둥근 달

  받아쓰기 실전 연습 Track-4

1. 말끝을 흐리면
2. 내 강아지는 항상 내 곁에 있다.
3. 무섭지 않아
4. 술래잡기를 하다가
5. 헌 집은 무너지고
6. 고맙습니다.
7. 사슴은 숲으로 뛰어갔습니다.
8. 무릎이 온통 상처투성이입니다.
9. 늪에 사는 동물들
10. 옛날 옛날 깊은 산 속에

5회 받아쓰기 실전 연습 Track-5

1. 금방 낫는 거예요.
2. 콧잔등에 땀이 송골송골
3. 실컷 구경하고 싶었지만
4. 꽃밭에 팻말이 꽂혀 있습니다.
5. 벽에 부딪히지 않게 조심하기
6. 온갖 열매가 맺힌 모습을
7. 그릇을 빚어 주지 않겠니?
8. 한 개만 갖고 싶었을 뿐이야.
9. 돛단배 한 척
10. 모두 쫓겨난 거잖아.

  6회 받아쓰기 실전 연습 Track-6

1. 까맣고 반들반들 윤기 나는
2. 이렇게 짤랑짤랑하는 소리가
3. 붓이 닿을 때마다
4. 알을 소복하게 낳아 놓았습니다.
5. 엄만 만날 책밖에 몰라.
6. 힘든 일을 겪었다.
7. 혼내 주려다 그만뒀다.
8. 감쪽같이 사라져 버렸어!
9. 아기를 달래고 있었어요.
10. 잡아먹어야겠다고 생각했어요.

 7회 받아쓰기 실전 연습 Track-7

1. 내 몫이 더 작아.
2. 넋을 놓고 바라본다.
3. 나란히 앉았어요.
4. 가슴에 손을 얹고
5. 괜찮아, 나는 무섭지 않아.
6. 어머니께서 많이 편찮으신데
7. 늘 웃음이 끊이지 않습니다.
8. 말참견하고 있잖아.
9. 책을 읽다가 머리를 긁었다.
10. 이름이 지어진 까닭이 궁금했다.

  8회 받아쓰기 실전 연습 Track-8

1. 작은 암탉이 병아리들과
2. 얼굴을 붉히며
3. 여덟 폭 넓은 치마
4. 까치가 밟아도 딴딴
5. 책값을 계산하고
6. 말없이 다가와 손을 얹었다.
7. 달걀을 삶아 주셨습니다.
8. 서로 닮아 갑니다.
9. 내 지우개는 많이 닳았어요.
10. 미역을 가장 싫어한다.

9회 받아쓰기 실전 연습 Track-9

1. 꽃이 안 핀 데를 찾아보세요.
2. 우리 집에 놀러 오지 않을래?
3. 숙제를 마치고 친구와 놀 것이다.
4. 정답을 맞혀 봐!
5. 대문에 쪽지를 붙여 놓자.
6. 선생님께 편지를 부쳤습니다.
7. 손을 깨끗이 씻어라.
8. 반듯이 앉아 책을 읽습니다.
9. 오늘은 왠지 기분이 좋아.
10. 네가 지각을 하다니 웬일이야?

10회 받아쓰기 실전 연습 Track-10

1. 깜빡 잊고 넣지 않았나 봅니다.
2. 엄마 닭을 따라나섰다가 길을 잃었다.
3. 땅속에 묻혀 있던 유물이 발견되었다.
4. 갖은 양념을 넣어 무쳐 먹었다.
5. 어찌할 줄 몰라 속을 썩이고 있었다.
6. 너는 왜 아까운 재주를 썩히고 있니?
7. 한 칸을 띄고 써야지.
8. 하늘이 붉은색을 띠고 있다.
9. 오랜만에 된장찌개를 먹었다.
10. 짬뽕 곱빼기를 며칠 동안 계속 먹었다.